DOMINICK

THE MASQUE OF ANGELS SUITE

For Chorus and Orchestra

Vocal Score

Libretto by John Olon-Scrymgeour

2 Tenor Soloists
2 Baritone Soloists
SATB Chorus divisi
Piano Reduction

Instrumentation: 2 Oboes (2nd doubling English Horn)
Bassoon
2 Trumpets in B-flat
Trombone
2 Violas
Violoncello
Harp
Percussion
Cymbals, Triangle, Suspended Cymbal, Bells (Chimes),
Glockenspiel, Tambourine, Sleigh Bells

Performance materials are available from the Boosey & Hawkes Rental Library.

7777 W. Bluemound Rd. P.O. Box 13819 Milwaukee, WI 53213

www.boosey.com
www.halleonard.com

Dominick Argento extracted portions of his 1964 opera *The Masque of Angels* to create *The Masque of Angels Suite*, which may be performed as a choral mini-drama, following the simple stage directions in the score.

The Masque of Angels was premiered on 9 January 1964 at the Tyrone Guthrie Theatre in Minneapolis by Minnesota Center Opera Company, later called Minnesota Opera.

Roles

METATRON, the officer in charge*	Baritone
SANDOLFON, his aide de camp*	Tenor
SADRIEL, the company clerk	Tenor
JEREMIEL, a Principality*	Tenor
RAQUEL, another Principality*	Bass
JOHN, a young man	Tenor
ANN, a young woman	Soprano
THE SPINSTER	Mezzo-Soprano
THE PROFESSOR	Bass

*These roles appear in *The Masque of Angels Suite*.

Time and Place: The present, in a church.

Plot Synopsis of the Opera

A band of angels, led by Sandolfon, enter an empty church to inspect the sanctuary. Sandolfon tells them that their leader, Metatron, has been displeased with their work. Suddenly, Metatron appears, accompanied by Jeremiel and Raguel. Metatron criticizes the group and reminds the angels of their purpose for gathering: "To encourage one mortal love." A mortal, John, who cannot see or hear the angels, arrives in the church. Metatron summons the presence of the Spinster and the Professor to prevent John from leaving the church. John confesses to the Spinster that he is there to meet Ann, whom he would like to marry, but he has his doubts. The Professor encourages Ann. Ann enters, and John hesitantly asks her to marry him. They both discuss their doubts as Metatron and Raguel urge the chorus to lend some encouragement. Time is suspended for the two lovers, and Metatron delivers a sermon, encouraging John and Ann to face the difficulties of life. For a fleeting moment, Ann seems to see the angels surrounding her, and her beatitude is transferred to John. They accept the imperfections of human love, and the angels go on to their next assignment.

THE MASQUE OF ANGELS

Suite for Chorus and Orchestra

Libretto by
JOHN OLON-SCRYMGEOUR

I. Processional

Music by
DOMINICK ARGENTO

* *(Down the center aisle of the church, from the sacristy, perhaps down ladders set against the choir loft, the Angels appear. The plan is to enter in orderly file, but unable to contain their joy, the Virtue Dancers move out of line to execute quick little steps and individual members of the choir interpolate in their wordless song a few syllables or words of their own choosing; la-la, perhaps, tum-ti-tum, and alleluia.*

* The interpolations are to be improvised ad lib. by the chorus.
** Grace notes always strongly accented.

13
S.
A.
3
3
3
3
3
3

17
S.
A.

22
S.
A.
3

26
S.
A.
poco a poco cresc.
poco a poco cresc.
poco a poco cresc.

30
S.
A.

33
S.
A.
T.
B.
1
f
f
mf
mf
1
f
Bsn.

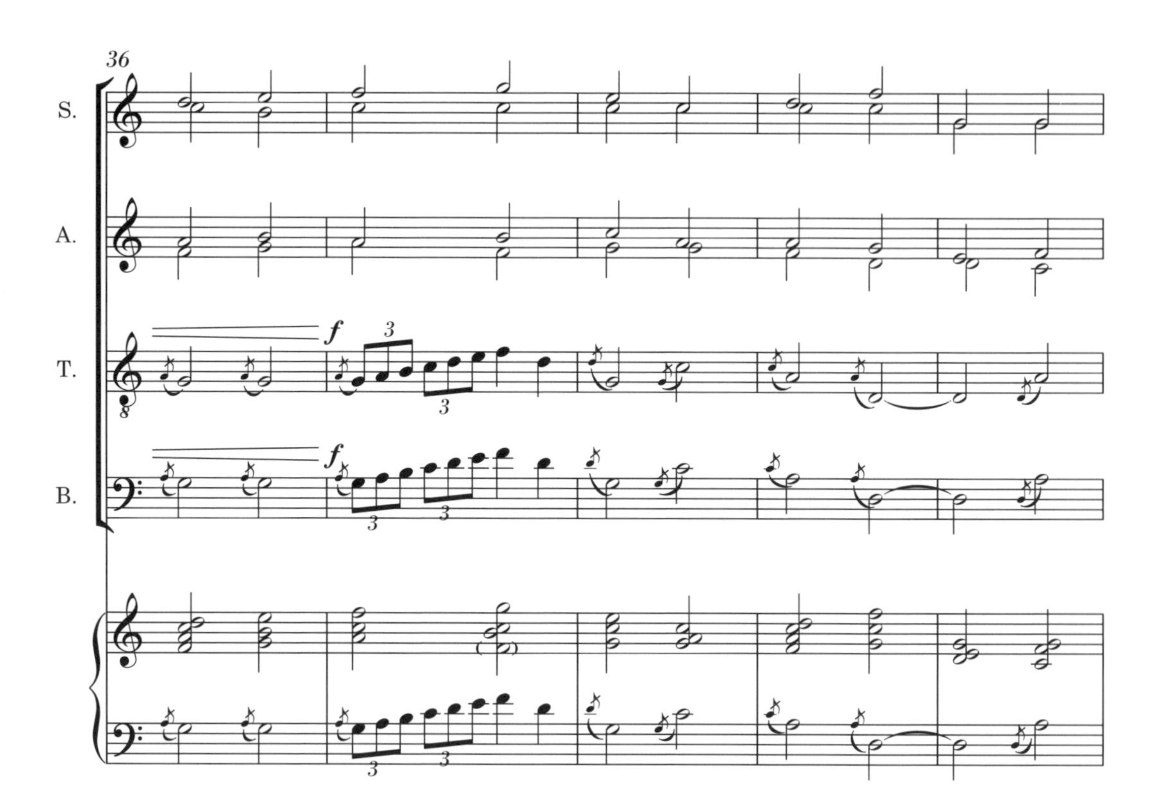
36
S.
A.
T.
B.
f
f
3
3
3
3
3

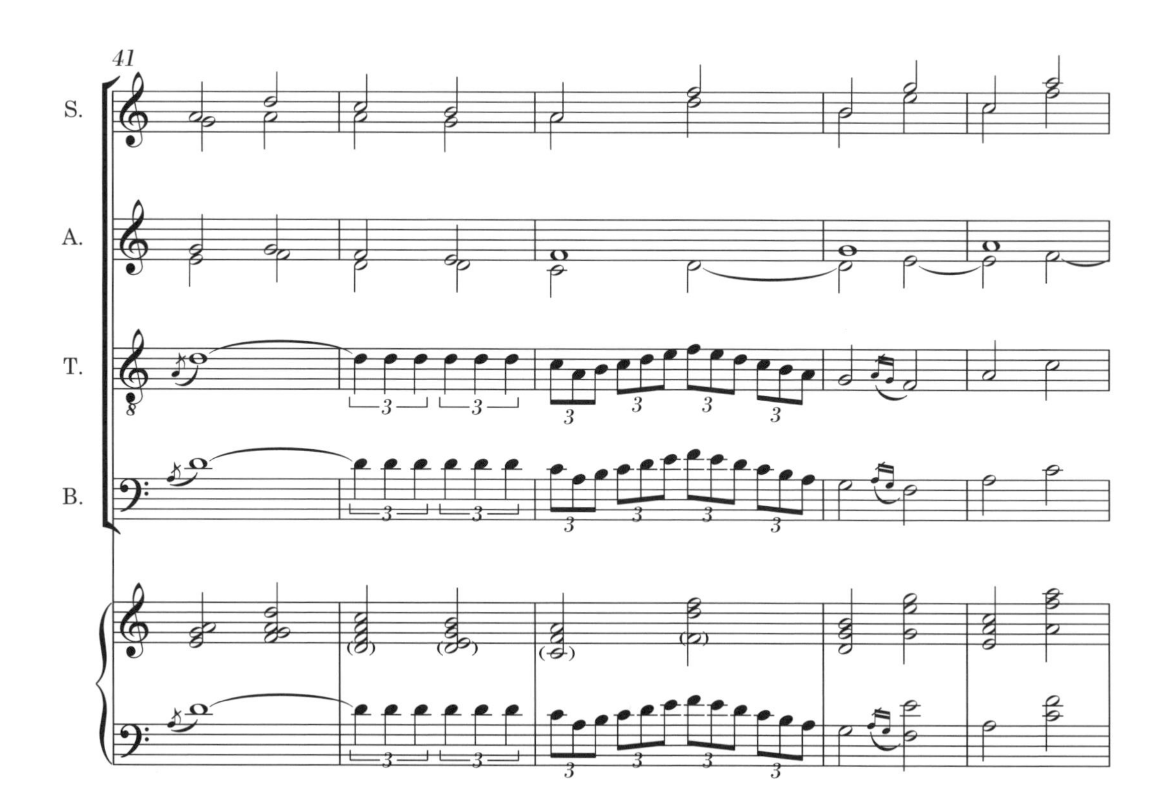
41
S.
A.
T.
B.

46
San.
S.
A.
T.
B.
2
SANDOLFON:
f
mf
Thrones up cen-ter.
Chor-us of
51
(They move left.)
più f
Che-ru-bim form on right.
Al-tar right, if you

55
(They reverse direction.)
(They move.)
San.
please.
Cho-rus of Ser - a - phim, left.
S.
A.
T.
B.
59
Dom - i - na- tions, di-vide ranks.
Danc - ing Vir- tues to the fore.

* The orchestra stops playing until the double bar, at which point they should be seated and resume playing

(The full company is now in position)
74 (cresc.)
S.
A.
T.
B.
(cresc.)
(cresc.)
(cresc.)
(cresc.)
f
f
f
f
f
W.W., Str., Bells

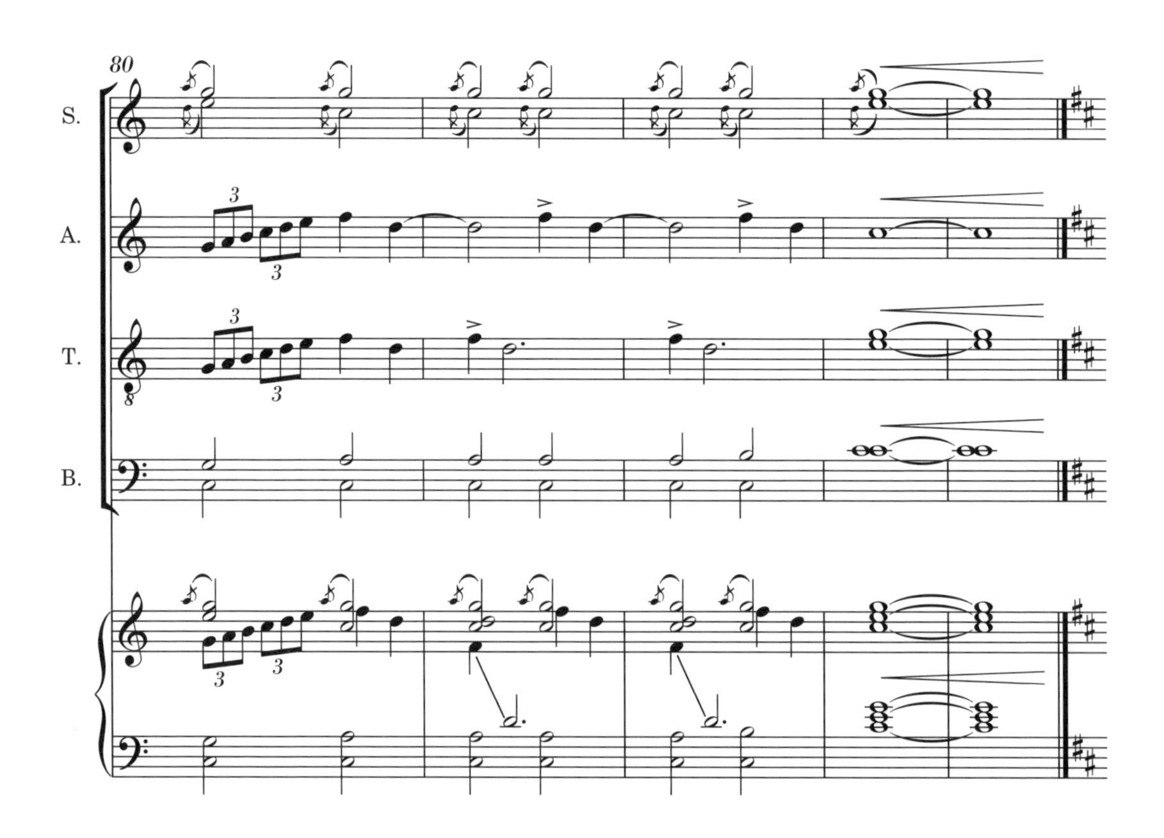
80
S.
A.
T.
B.

II. Gloria

3 Allegro vigoroso
A.
f
Glo - ri - a in ex-cel-sis De - o, Et in ter - ra pax
8va
3 Allegro vigoroso
Vla.
begin slowly and accel.
f non legato
Cello, Bsn., Harp
8vb
Col 8
5
ho - mi - ni - bus, bon-ae vol-un-ta-tis, bo-nae vo-lun-ta-tis, De - o Glo - ri - a
marc.
B.
Glo - ri - a
Cello
9
glo - ri - a glo - ri - a glo - ri - a in ex - cel -
in ex-cel-sis De - o, Et in ter - ra pax ho-mi - ni-bus, bo-nae-vol-un-ta-tis, bo-nae

13
A.
T.
B.
f
marc.
- sis, glo - ri - a
Glo - ri - a in ex - cel - sis De - o, Et in ter - ra pax
vol - un - ta - tis, De - o Glo - ri - a glo - ri - a glo - ri - a
Vla.

17
A.
T.
B.
Et in ter - ra pax ho - mi - ni - bus et bo - nae
ho - mi - ni - bus, bo - nae vol - un - ta - tis, bo - nae vol - un - ta - tis, De - o in ex -
glo - ri - a in ex - cel - sis De - o, in ex -

21
S.
A.
T.
B.
f
marc.
Glo - ri - a in ex-cel-sis De - o, Et in ter - ra pax
vol - un - ta - tis, in ex - - - - cel - - - -
cel - sis Glo - ri - a, glo - ri - a, glo - ri - a
cel - sis De - - - - o Glo - - - -
Ob.

25
S.
A.
T.
B.
più f
4
ho-mi - ni-bus, bo-nae vol-un-ta-tis, bo-nae vol-un-ta-tis. Lau - da - mus
sis, et in ter - ra. Lau - da - mus -
glo - ri - a in ex - cel - sis De - o. Glo - ri - a
ri - - - - a, et in ex - cel - sis De - o. Glo - ri - a
W.W.
Str.

29
S.
te, Be-ne - di - ci - mus te, a - do - ra-mus te, glo - ri - fi - ca-mus te.
A.
te, Be-ne - dic - ci - mus te, a - do - ra-mus te, glo - ri - fi - ca-mus te, glo -
T.
cresc.
in ex-cel-sis De - o Lau -
B.
marc.
in ex-cel-sis De - o Glo - ri - a, glo - ri - a, glo - ri - a Glo - ri - a, Lau -
marc.

34
S.
cresc.
Glo - ri - a in ex - cel - sis De - o, et in ter - ra pax ho -
A.
marc. cresc.
ri - fi - ca - mus te. Glo - ri - a, glo - ri - a, glo - ri - a,
T.
cresc.
da - mus te, be - ne - di - ci - mus te, a - do - ra-mus te, glo - ri - fi -
B.
cresc.
da - mus te, be - ne - di - ci - mus te, a - do - ra-mus te, glo - ri - fi -
cresc.

39
S.
ff
f
dim.
mi - ni - bus. Lau - da - mus - te, Lau - da - mus te.
A.
ff
f
dim.
Glo - ri - a. Lau - dam - mus te, Lau - da - mus te.
T.
ff
f
dim.
ca - mus te. Lau - da - mus te, Lau - da - mus te.
B.
ff
f
dim.
ca - mus te. Lau - da - mus te, Lau - da - mus te.
ff
f
dim.

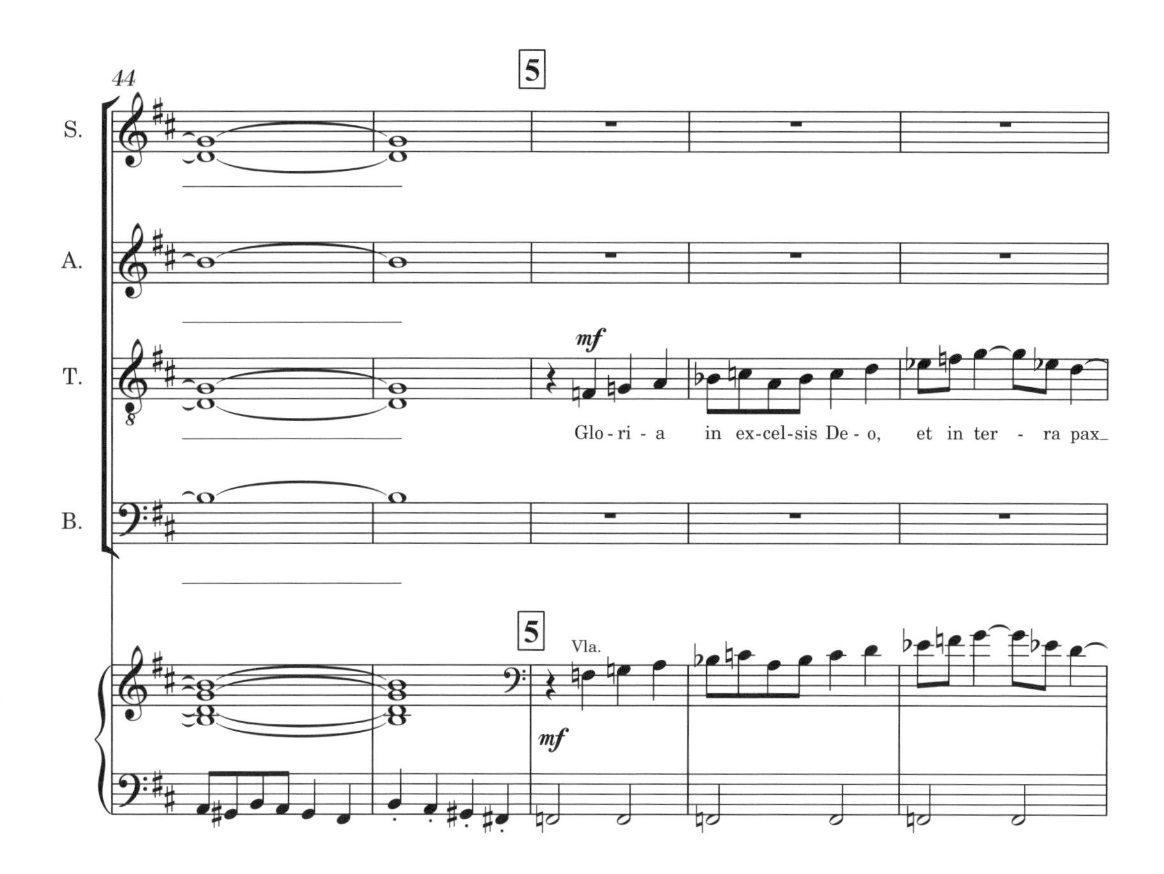
44
5
S.
A.
T.
mf
Glo - ri - a in ex - cel - sis De - o, et in ter - ra pax
B.
5
Vla.
mf

49
A.
T.
mf
Glo - ri - a
marc.
hom-in - i-bus, bo-nae vol-un-ta-tis, bo-nae vol-un-ta-tis, De - o Glo - ri - a
Vla.

53
A.
T.
in ex-cel-sis De - o, et in ter - ra pax hom-i - ni-bus, bo-nae vol-un-ta-tis, bo-nae
Glor - i - a, glo - ri - a, glo - ri - a in ex - cel -

57
S.
A.
T.
mf
Glo - ri - a in ex-cel-sis De - o, et in ter - ra pax,
marc.
vol-un-ta-tis. De - o Glo - ri - a, glo - ri - a, glo - ri - a,
- sis, Glo - ri - a Glo - ri - a
Ob.
E.H.

61
S.
Glo - ri - a Glo - ri - a, glo - ri - a, glo - ri - a,
A.
Glo - ri - a glor - ri - a, glo - ri - a, Glo - ri - a
T.
in ex-cel-sis De - o, Glo - ri - a, glo - ri - a, glo - ri - a,
B.
mf
Glo - ri - a in ex-cel-sis De - o, glo - ri - a,

65
6
S.
f
Glo - ri - a, Glo - ri - a in ex-cel-sis De - o Glo-ri - a
A.
f
in ex-cel-sis De - o Glo - ri - a, Glo - ri - a Glo - ri - a in ex -
T.
f
Glo - ri - a, Glo - ri - a Glo - ri - a Glo-ri - a in ex-cel-sis
B.
f
Glo - ri - a, Glo - ri - a, Glo - ri - a Glo-
6
f

70
S.
De - o, Glo - ri - a, Glo - ri - a, Glo - ri - a, Glo - ri -
A.
cel - sis, Glo - ri - a, Glo - ri - a, Glo - ri - a De - o, Glo - ri -
T.
De - o, Glo - ri - a, Glo - ri - a, Glo - ri - a in ex - cel - sis De - o, Glo - ri -
B.
ri - a, Glo - ri - a, Glo - ri - a, Glo - ri - a in ex - cel - sis, Glo - ri -

75
S.
a, glo - ri - a.
A.
a, glo - ri - a.
mf
Glo -
T.
a, glo - ri - a.
mf
Glo - - - - - - -
B.
a, glo - ri - a.
mf
Glo - - - - - - - - - - - -
mf

79
S.
A.
T.
B.
mf
cresc.
f
Glo - - - - - - - - - - (ho) - ri - a. Glo - ri -
- - - - - - - - - - - - - - (ho) - ri - a. Glo - ri -
- - - - - - - - - - - - - - (ho) - ri - a. Glo - ri -
- - - - - - - - - - - - - - (ho) - ri - a. Glo - ri -

83
S.
A.
T.
B.
a, Glo - ri - a, glo - ri - a
a, Glo - ri - a in ex - cel - sis, Glo - ri - a, glo - ri - a, glo - ri -
a, Glo - ri - a in ex - cel - sis, Glo - ri - a, glo - ri - a, glo - ri -
a, Glo - ri - a in ex - cel - sis, Glo - ri - a, glo - ri - a, glo - ri -

87
S.
A.
T.
B.
f
Glo - ri - a, glo - ri - a, Lau -
a, in ex - cel - sis, Glo - ri - a, glo - ri - a, Glo - ri - a, Lau -
a, in ex - cel - sis, Glo - ri - a, glo - ri - a, Glo - ri - a,
a, in ex - cel - sis, Glo - ri - a, glo - ri - a, Glo - ri - a,
f

7
S.
A.
T.
B.
da - mus te, be - ne - di - ci - mus - te, a - do - ra - mus
da - mus te, be - ne - di - ci - mus te, a - do - ra - mus
f
cresc.
Glo - ri - a in ex - cel - sis De - o
f
marc.
Glo - ri - a in ex - cel - sis De - o Glo - ri - a, glo - ri - a,
7
W.W.
Str.

95
S.
te, glo - ri - fi - ca - mus te, Glo - ri - a
A.
te, glo - ri - fi - ca - mus te, Glo - ri - a in ex - cel - sis De - o
T.
Lau - da - mus te, be - ne -
B.
glo - ri - a, glo - ri - a Lau - da - mus te, be - ne -

99
S.
in ex - cel - sis De - o, et in ter - ra pax ho - mi - ni - bus, Lau - da - mus
marc.
A.
Glo - ri - a, glo - ri - a, glo - ri - a, glo - ri - a, Lau - dam - mus
T.
di - ci - mus te, a - do - ra - mus te, glo - ri - fi - ca - mus te, Lau - da - mus
B.
di - ci - mus te, a - do - ra - mus te, glo - ri - fi - ca - mus te. Lau - da - mus

104
S.
A.
T.
B.
8
cresc.
ff molto marc.
te, Lau - da - mus te.
Glo - ri - a

109
S.
A.
T.
B.
molto
in ex-cel-sis De - o et in ter - ra pax ho - mi - ni - bus bo-nae vol-un -

113
S.
A.
T.
B.
f
cresc.
ta-tis, bo-nae vol-un-ta-tis, Glo - ri-a, Glo - ri-a, Glo - ri-a,
Bells

117
S.
A.
T.
B.
Glo - ri-a, glo - ri-a, glo - ri - a, glo - ri-a,
attacca

III. Arrival of the Archangels

4
Jer.
Met.
Rag.
di - ci - te, omnes an - ge - li
di - ci - te, omnes an - ge - li
di - ci - te, omnes an - ge - li
sfz
sfz

6
Jer.
Met.
Rag.
cresc.
ff
Do-mi-ni Do-mi - num.
Do-mi-ni Do-mi - num.
Do-mi-ni Do-mi - num.
Brass
cresc.
ff
sfz
sfz

9
Jer.
Met.
Rag.
f
Hym - num_ di-ci - te_____ et su-per-
Orch.
6
3

12
cresc.
ex - al - ta - te e - um_____ in_____ sae - - cu -
Brass
sfz

16
ff
Jer.
la.
Met.
la.
Rag.
la.
S.
Al - le - lu - ia, al - le - lu - - ia, al - le - lu - ia, al - le - lu - -
A.
Al - le - lu - ia, al - le - lu - - ia, al - le - lu - ia, al - le - lu - -
T.
Al - le - lu - ia, al - le - lu - - ia, al - le - lu - ia, al - le - lu - -
B.
Al - le - lu - ia, al - le - lu - - ia, al - le - lu - ia, al - le - lu - -
Chorus of Cherubim
S.
Al - le - lu - ia, al - le - lu - - ia!
A.
Al - le - lu - ia, al - le - lu - - ia!
T.
Al - le - lu - ia, al - le - lu - - ia!
B.
Al - le - lu - ia, al - le - lu - - ia!
Chorus of Powers and Seraphim

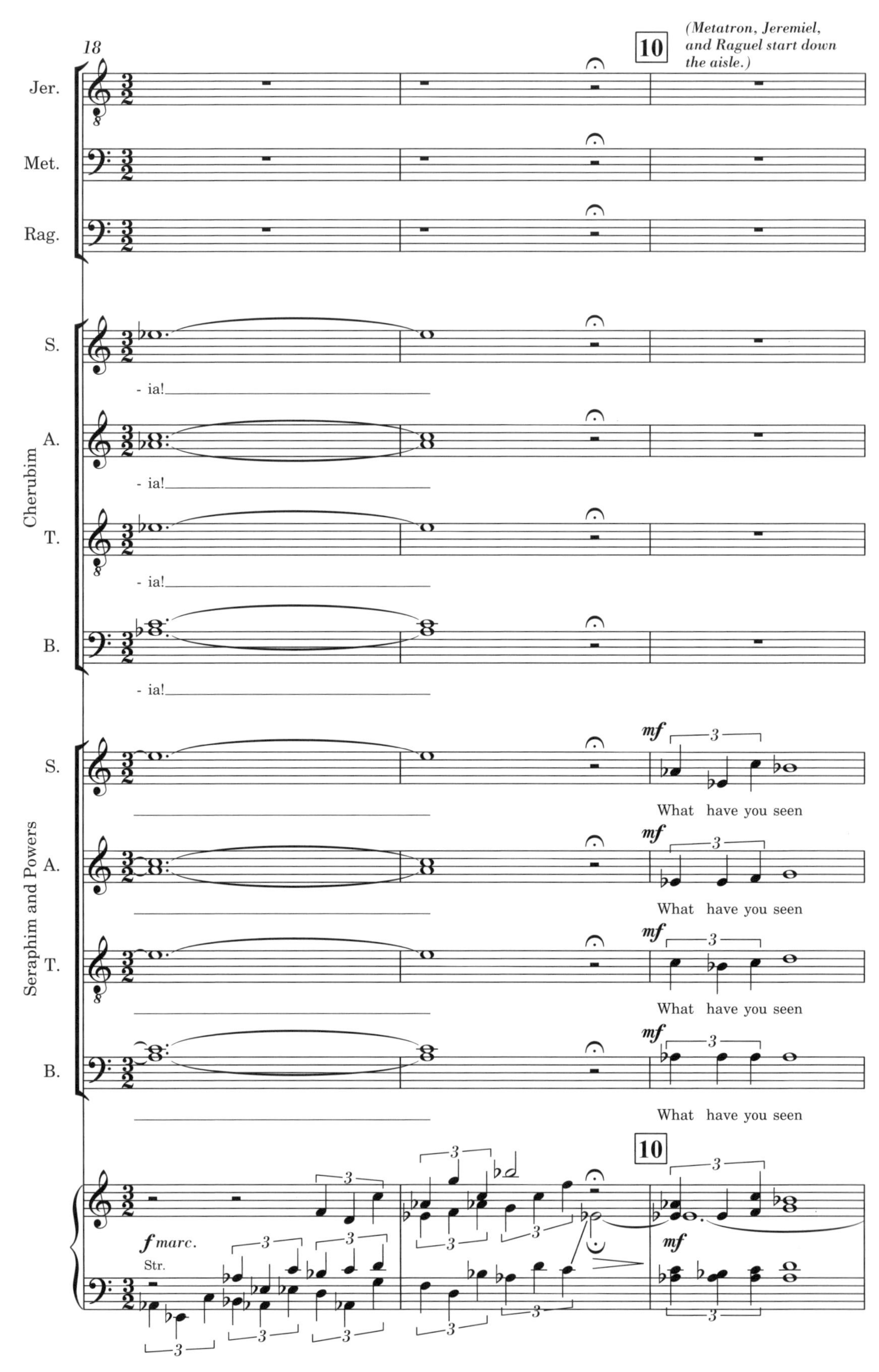
18
10
(Metatron, Jeremiel, and Raguel start down the aisle.)
Jer.
Met.
Rag.
Cherubim
S.
A.
T.
B.
- ia!
- ia!
- ia!
- ia!
Seraphim and Powers
S.
A.
T.
B.
mf
What have you seen
What have you seen
What have you seen
What have you seen
f marc.
Str.
10
mf

21
Jer.
Met.
Rag.
mf
We have seen a sil - ver
We have seen a sil - ver
We have seen a sil - ver
Cherubim
S.
A.
T.
B.
Answer, an-gels, an - swer.
Answer, an-gels, an - swer.
Answer, an-gels, an - swer.
Answer, an-gels, an - swer.
Seraphim and Powers
S.
A.
T.
B.
that your fa - ces shine?
that your fa - ces shine?
that your fa - ces shine?
that your fa - ces shine?

24
Jer.
an - chor fall - ing.
Met.
an - chor.
Rag.
an - chor fall - ing in the brine!
Cherubim, Seraphim, and Powers
S.
mp
Sing praise to the an-chor that shat-ters the
A.
mp
Sing praise to the an-chor that shat-ters the
T.
mp
Sing praise to the an-chor that shat-ters the
B.
mp
Sing praise to the an-chor that shat-ters the
dim.
mp

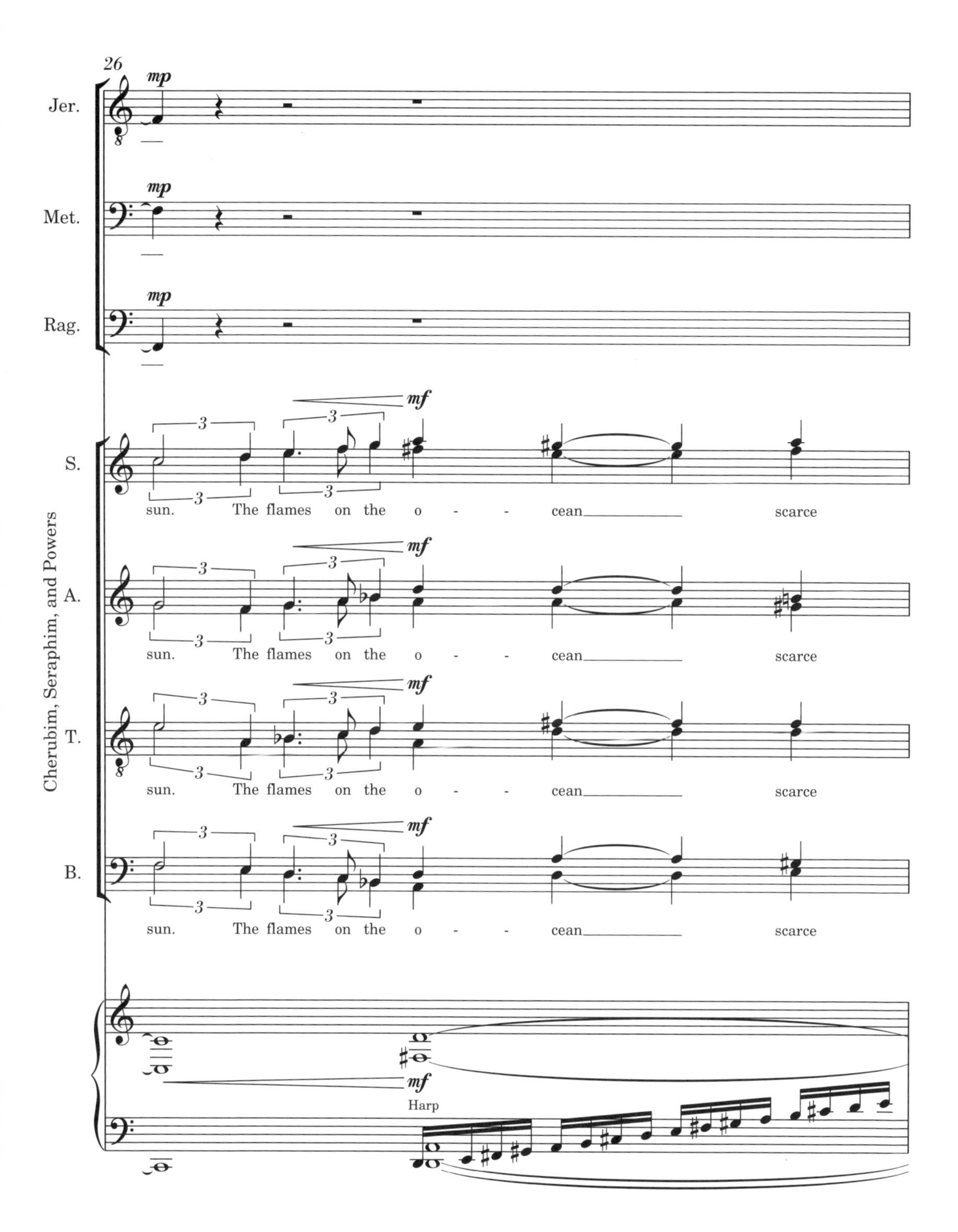
26
Jer.
Met.
Rag.
S.
sun. The flames on the o - - cean scarce
A.
sun. The flames on the o - - cean scarce
T.
sun. The flames on the o - - cean scarce
B.
sun. The flames on the o - - cean scarce
Cherubim, Seraphim, and Powers
Harp

27
Cherubim, Seraphim, and Powers
S.
num - ber our joys.
A.
num - ber our joys.
T.
num - ber our joys.
B.
num - ber our joys.

29
Seraphim and Powers
S.
mf
Your eyes are a - light, What news do you bring?
A.
mf
Your eyes are a - light, What news do you bring?
T.
mf
Your eyes are a - light, What news do you bring?
B.
mf
Your eyes are a - light, What news do you bring?
mf

31
Jer.
mf
We have seen a might-y dol - phin leap - ing from the spring!
Met.
mf
We have seen a might-y dol - phin leap - ing from the spring!
Rag.
mf
We have seen a might-y dol - phin leap - ing from the spring!
S.
mf
An- swer, an- gels, an - swer.
A.
mf
An- swer, an- gels, an - swer.
Cherubim
T.
mf
An- swer, an- gels, an - swer.
B.
mf
An- swer, an- gels, an - swer.
S.
A.
Seraphim and Powers
T.
B.

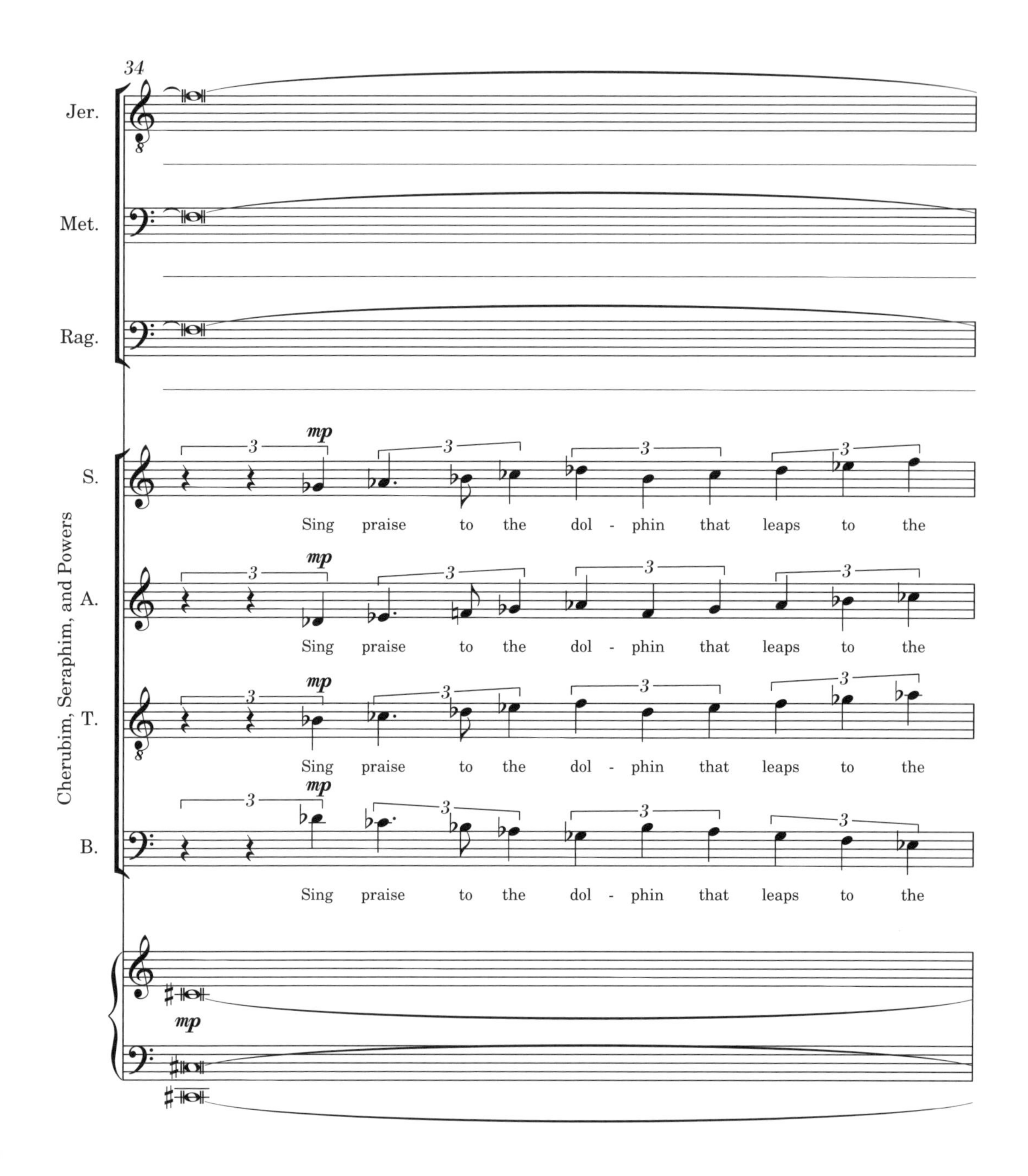
34
Jer.
Met.
Rag.
Cherubim, Seraphim, and Powers
S.
A.
T.
B.
mp
Sing praise to the dol - phin that leaps to the
Sing praise to the dol - phin that leaps to the
Sing praise to the dol - phin that leaps to the
Sing praise to the dol - phin that leaps to the
mp

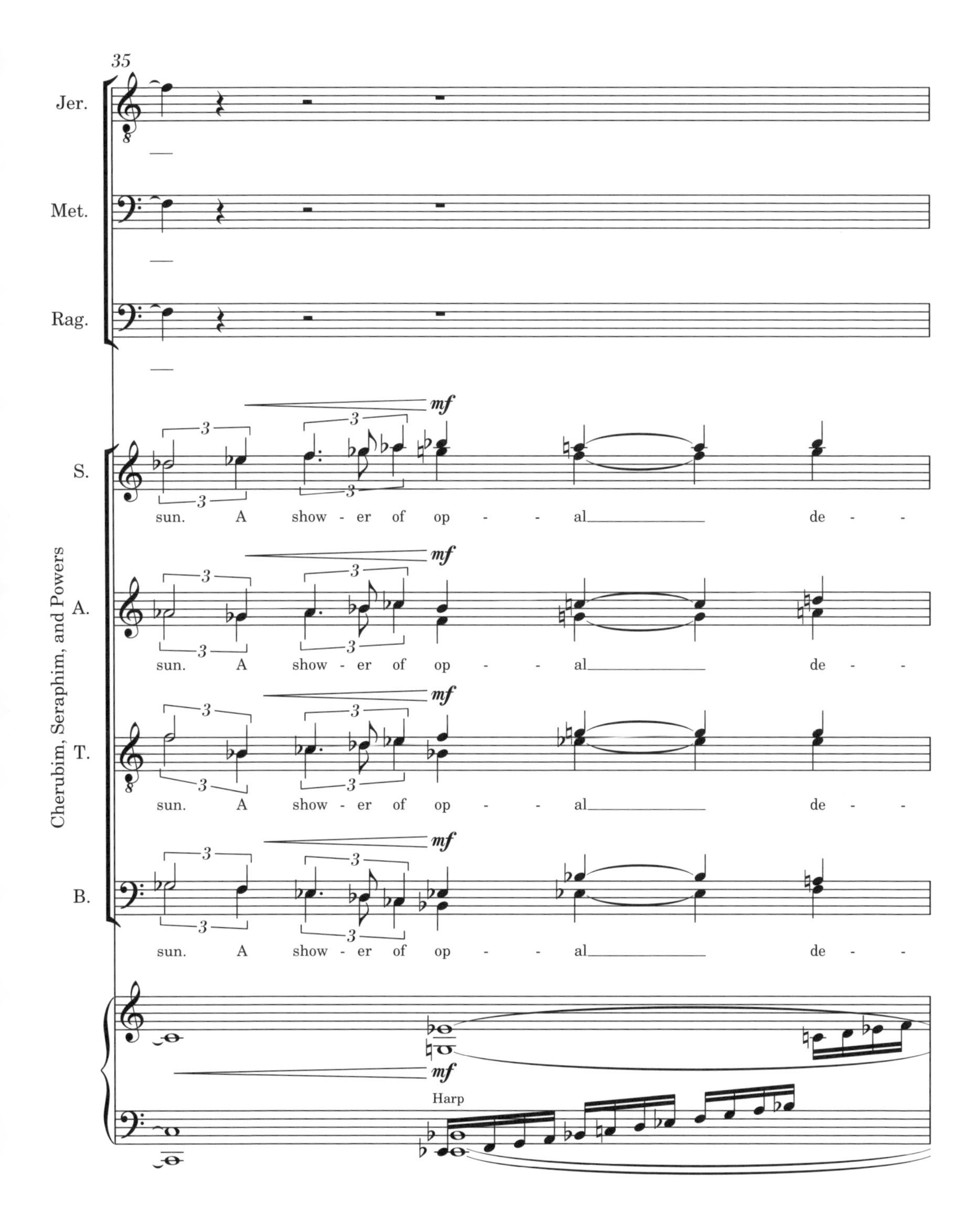
35
Jer.
Met.
Rag.
S.
A.
T.
B.
Cherubim, Seraphim, and Powers
mf
sun. A show - er of op - - al de - -
sun. A show - er of op - - al de - -
sun. A show - er of op - - al de - -
sun. A show - er of op - - al de - -
mf
Harp

36
S.
A.
T.
B.
Cherubim, Seraphim, and Powers
cends on our hearts.
cends on our hearts.
cends on our hearts.
cends on our hearts.
cresc.
11
What bright bird lends wings to your love?
What bright bird lends wings to your love?
What bright bird lends wings to your love?
What bright bird lends wings to your love?
Cherubim, Seraphim, and Powers
11
Brass

39
Jer.
A bright and ho - ly pel - i-can soar-ing high a -
Met.
A bright and ho - ly pel - i-can soar-ing high a -
Rag.
A bright and ho - ly pel - i-can soar-ing high a -
Cherubim
S.
An-swer, an-gels, an - swer.
A.
An-swer, an-gels, an - swer.
T.
An-swer, an-gels, an - swer.
B.
An-swer, an-gels, an - swer.
Seraphim and Powers
S.
A.
T.
B.

42
Jer.
bove.
Met.
bove.
Rag.
bove.
Cherubim, Seraphim, and Powers
S.
mf
Sing praise to the sea - bird that flies to the
A.
mf
Sing praise to the sea - bird that flies to the
T.
mf
Sing praise to the sea - bird that flies to the
B.
mf
Sing praise to the sea - bird that flies to the
Brass

43
Jer.
Met.
Rag.
ff
Praise Him.
Praise Him.
Praise Him.
Cherubim, Seraphim, and Powers
S.
A.
T.
B.
cresc.
f
sun. The boun-ty of the pel-i-can en-rich-es our joy.
sun. The boun-ty of the pel-i-can en-rich-es our joy.
sun. The boun-ty of the pel-i-can en-rich-es our joy.
sun. The boun-ty of the pel-i-can en-rich-es our joy.
f
ff

45
Jer.
Met.
Rag.
Glo - ri - a!
Glo - ri - a!
Glo - ri - a!
Cherubim
S.
A.
T.
B.
più f
Tri - dent of Hope.
Sun of
Tri - dent of Hope.
Sun of
Tri - dent of Hope.
Sun of
Tri - dent of Hope.
Sun of
Seraphim and Powers
S.
A.
T.
B.
più f
Tri - dent of Hope.
Sun of
Tri - dent of Hope.
Sun of
Tri - dent of Hope.
Sun of
Tri - dent of Hope.
Sun of

47
Jer.
Met.
Rag.
Cherubim
S.
ff
Jus - tice. Ho - san - na! Al - le - lu - ia!
A.
ff
Jus - tice. Ho - san - na! Al - le - lu - ia!
T.
ff
Jus - tice. Ho - san - na!
B.
ff
Jus - tice. Ho - san - na!
Seraphim and Powers
S.
Jus - tice. Bright-ness of E - ter - nal Light. Al - le - lu - ia!
A.
Jus - tice. Bright-ness of E - ter - nal Light. Al - le - lu - ia!
T.
Jus - tice. Bright-ness of E - ter - nal Light.
B.
Jus - tice. Bright-ness of E - ter - nal Light.
sfz

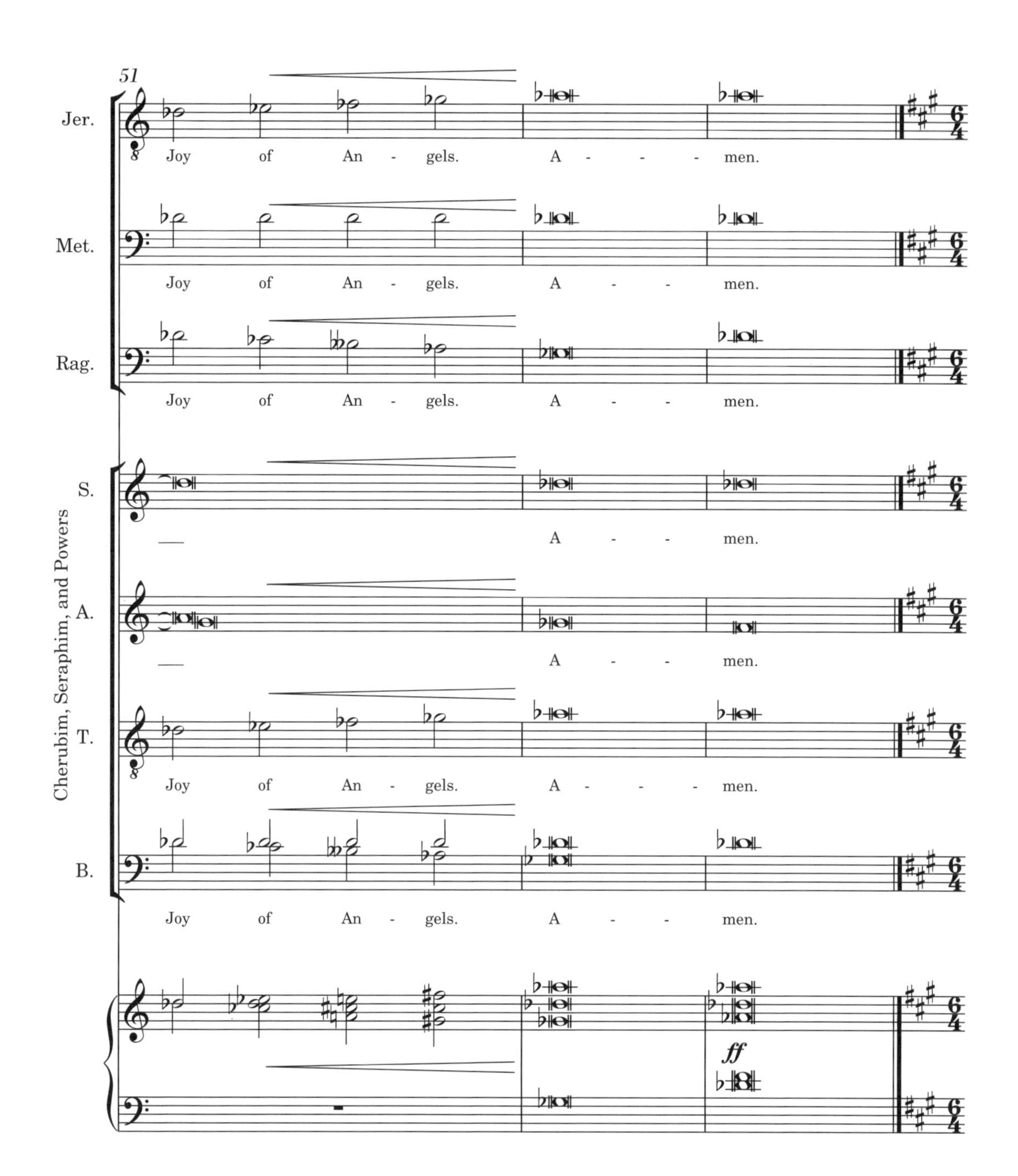
51
Jer.
Joy of An - gels. A - - - men.
Met.
Joy of An - gels. A - - men.
Rag.
Joy of An - gels. A - - men.
Cherubim, Seraphim, and Powers
S.
A - - men.
A.
A - - men.
T.
Joy of An - gels. A - - - men.
B.
Joy of An - gels. A - - men.
ff

IV. Sanctus

12
Andante, quasi pastorale
Chorus of Cherubim
A.
T.
p
Sanc - tus, Sanc - tus, Sanc - - tus, Sanc - tus, Sanc - tus,
Sanc - tus, Sanc - tus, Sanc - - tus, Sanc - tus, Sanc - tus,
12
Andante, quasi pastorale
p
4
Cherubim
S.
A.
T.
B.
Sanc - tus, Sanc-tus, Sanc - tus, Do-mi-ne De - us
Sanc - - tus, Sanc- tus, Sanc - tus, Sanc - tus, Do-mi-ne De - us
Sanc - - tus, Sanc- tus, Sanc - tus, Sanc - tus, Do-mi-ne De - us
Sanc - tus, Sanc-tus, Sanc - tus, Do-mi-ne De - us

8
S.
Sa - ba - oth.
Sanc - - - - - - - -
A.
Sa - ba - oth.
Sanc - - - - - - - -
T.
Sa - ba - oth.
Sanc - - - - - - - -
B.
Sa - ba - oth.
Sanc - - - - - - - -
Cherubim
S.
A.
p
Sanc - tus, Sanc - tus, Sanc - - tus,
T.
p
Sanc - tus, Sanc - tus, Sanc - - tus,
B.
Seraphim and Powers

11
Cherubim
S.
tus, Sanc - tus, Sanc - ctus, Do - mi - ne
A.
tus, Sanc - tus, Sanc - ctus, Do - mi - ne
T.
tus, Sanc - tus, Sanc - ctus, Do - mi - ne
B.
tus, Sanc - tus, Sanc - tus, Do - mi - ne
Seraphim and Powers
S.
p
Sanc - tus, Sanc - tus, Sanc - - tus, Do - mi - ne De - us
A.
Sanc - tus, Sanc - tus, Sanc - - tus, Do - mi - ne De - us
T.
Sanc - tus, Sanc - tus, Sanc - - tus, Do - mi - ne De - us
B.
p
Sanc - tus, Sanc - tus, Sanc - - tus, Do - mi - ne De - us

14
Cherubim
S.
De - us Sa - ba - oth. Sanc - tus, Sanc- tus, Sanc - tus.
A.
De - us Sa - ba - oth. Sanc - tus, Sanc- tus, Sanc - tus.
T.
De - us Sa - ba - oth. Sanc - tus, Sanc- tus, Sanc - tus.
B.
De - us Sa - ba - oth. Sanc - tus, Sanc- tus, Sanc - tus.
Seraphim and Powers
S.
Sa - - - - ba - oth. Sanc - tus, Sanc - tus, Sanc -
A.
Sa - - - - ba - oth. Sanc - tus, Sanc - tus, Sanc -
T.
Sa - - - - ba - oth. Sanc - tus, Sanc - tus, Sanc -
B.
Sa - - - - ba - oth. Sanc - tus, Sanc - tus, Sanc -

17
Cherubim
S.
Sanc - tus, Sanc - tus, Sanc - tus.
Do - mi - ne
A.
Sanc - tus, Sanc - tus, Sanc - tus.
Do - mi - ne
T.
Sanc - tus, Sanc - tus, Sanc - tus.
Do - mi - ne
B.
Sanc - tus, Sanc - tus, Sanc - tus.
Do - mi - ne
Seraphim and Powers
S.
tus.
Sanc - tus, Sanc - tus, Sanc - tus.
Do - mi -
A.
tus.
Sanc - tus, Sanc tus, Sanc - tus.
Do - mi -
T.
tus.
Sanc - tus, Sanc - tus, Sanc - tus.
Do - mi -
B.
tus.
Sanc - tus, Sanc - tus, Sanc - tus.
Do - mi -

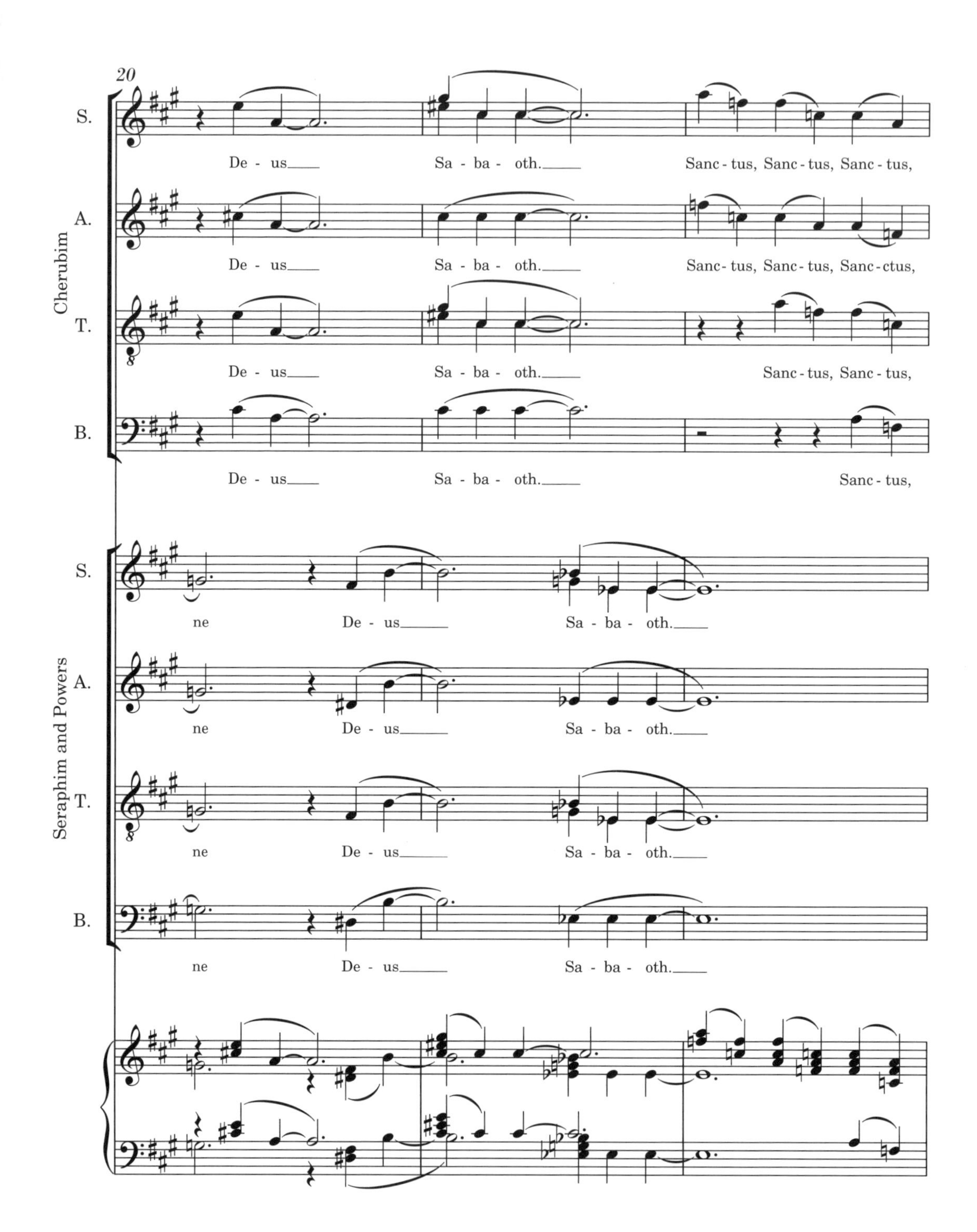
20
Cherubim
S.
De - us
Sa - ba - oth.
Sanc - tus, Sanc - tus, Sanc - tus,
A.
De - us
Sa - ba - oth.
Sanc- tus, Sanc- tus, Sanc- ctus,
T.
De - us
Sa - ba - oth.
Sanc - tus, Sanc - tus,
B.
De - us
Sa - ba - oth.
Sanc - tus,
Seraphim and Powers
S.
ne
De - us
Sa - ba - oth.
A.
ne
De - us
Sa - ba - oth.
T.
ne
De - us
Sa - ba - oth.
B.
ne
De - us
Sa - ba - oth.

23
13
S.
A.
T.
B.
Cherubim
Sanc - - - - - - - - - - tus.
Sanc - - - - - - - - - - tus.
Sanc - - - - - - - - - - tus.
Sanc - - - - - - - - - - tus.
Seraphim and Powers
Sanc - tus, Sanc - tus, Sanc - - - - tus.
Sanc - tus, Sanc - tus, Sanc - - - - tus.
Sanc - tus, Sanc - tus, Sanc - - - - tus.
Sanc tus, Sanc - tus, Sanc - - - - tus. Ple - ni sunt coe - li
mp
13
mp

26
S.
A.
Cherubim
T.
B.
mp
Ple - ni sunt coe - li Et ter - - ra glo - ri - a tu - a.
S.
A.
Seraphim and Powers
mp
Ple - ni sunt
T.
B.
glo - ri - a tu - a

29
S.
A.
T.
B.
Cherubim
mp poco a poco crescendo
Ple - ni sunt coe - li Et ter - - - ra glo - ri - a
poco a poco crescendo
Sanc - tus, Sanc - - - - - tus
Seraphim and Powers
poco a poco crescendo
coe - li glo - ri - a tu - a
poco a poco crescendo
Sanc - tus Do - mi - ne De - - - - us Sa - -
poco a poco crescendo

32
Cherubim
S.
A.
tu - a.
Sanc - tus,
T.
mp
Ple - ni sunt coe - li Et
B.
Do - - - mi - ne
Seraphim and Powers
S.
A.
Sanc - tus.
Do - mi - ne
T.
mp
Ple - ni sunt coe - li
B.
- - - ba - oth, Sanc - tus, Sanc - - - tus,

34
Cherubim
S.
A.
Sanc - - - - - - - tus
T.
ter - - - - ra glo - ri - a tu - a
B.
De - - us. Ple - ni sunt coe - - - - li
Seraphim and Powers
S.
mf
Ple - ni sunt
A.
De - - - - us Sa - - - - - - ba -
T.
glo - ri - a tu - a
B.
Sanc - - - - - - - tus. Ple - ni sunt coe -

36
mf
Cherubim
S.
Ple - ni sunt coe - li et ter - - - -
A.
Do - mi - ne De - - - us.
T.
Sanc - tus. Do - - - -
B.
Glo - ri - a tu - a. Ple - ni sunt
Seraphim and Powers
S.
coe - li glo - ri - a
A.
oth. Do - - - - - - mi - ne
T.
Sanc - tus. Do - mi - ne De - - - -
B.
- li et ter - - - - - - -

38
S.
ra glo - ri - a tu - a. Sanc - tus. Glo - ri - a
A.
Glo - ri - a tu - a Glo - ri - a
Cherubim
T.
- mi - ne Glo - ri - a
B.
coe - li et ter - - ra. Glo - ri - a
S.
tu - a. Sanc - tus. Glo - ri - a
A.
De - us. Glo - ri - a tu - a. Glo - ri - a
Seraphim and Powers
T.
- - us. Sa - - - - - ba - oth. Sanc - tus. Glo - ri - a
B.
- ra. Ple - ni sunt coe - li et ter - ra Glo - ri - a

41
14
S.
A.
T.
B.
Cherubim
tu - a. Ho - san - na, ho - san - na, ho -
tu - a.
tu - a. Ho - san - na, ho -
tu - a.
Seraphim and Powers
tu - a. Ho - san - na, ho - san - na, ho -
tu - a.
tu - a. Ho - san - na, ho -
tu - a.
14

43
Cherubim
S.
san - na, ho - san - na.
Ho -
A.
pp
Ho - san - na in ex - cel - sis.
T.
- san - na, ho - san - na.
B.
pp
Ho - san - na, ho - san - na in ex - cel - sis.
Seraphim and Powers
S.
- san - na, ho - san - na.
Ho -
A.
pp
Ho - san - na in ex - cel - sis.
T.
san - na, ho - san - na.
B.
pp
Ho - san - na, ho - san - na in ex - cel - sis.

46
Cherubim
S.
A.
T.
B.
- san - na, ho - san - na, ho - san - na, ho - san - -
Ho - san - na, ho - san - na, ho - san - -
Ho -
Seraphim and Powers
S.
A.
T.
B.
san - na, ho - san - na, ho - san - na, ho - san - -
Ho - san - na, ho - san - na, ho - san - -
Ho -

48
S.
na.
Sanc - tus, Sanc - tus, Sanc - - tus.
A.
Ho - san - na in ex - cel - sis.
Cherubim
T.
na.
Sanc - tus, Sanc - tus, Sanc - - tus.
B.
san - na, hos - san - na in ex - cel - sis.
S.
na.
Sanc - tus, Sanc - tus, Sanc - - tus.
A.
Hos - san - na in ex - cel - sis.
Seraphim and Powers
T.
na.
Sanc - tus, Sanc - tus, Sanc - - tus.
B.
- san - na, ho - san - na in ex - cel - sis.

51
Cherubim
S.
Ple - ni sunt coe - li,
A.
Sanc- tus, Sanc - tus, Sanc - - tus. Ple - ni sunt coe - li,
T.
Ple - ni sunt coe - li,
B.
Sanc- tus, Sanc - tus, Sanc - - tus. Ple - ni sunt coe - li,
Seraphim and Powers
S.
Sanc - tus, Sanc - tus,
A.
Sanc- tus, Sanc - tus, Sanc - - tus. Sanc - tus, Sanc - tus,
T.
Sanc - tus, Sanc - tus,
B.
Sanc- tus, Sanc - tus, Sanc - - tus. Sanc - tus, Sanc - tus,

54
Cherubim
S.
coe - li et ter - ra glo - ri - a tu - a, glo - ri - a tu - a.
A.
coe - li et ter - ra glo - ri - a tu - a, glo - ri - a tu - a.
T.
coe - li et ter - ra glo - ri - a tu - a, glo - ri - a tu - a.
B.
coe - li et ter - ra glo - ri - a tu - a, glo - ri - a tu - a.
Seraphim and Powers
S.
Sanc - - tus Do - mi - ne De - us Sa - ba - oth.
A.
Sanc - - tus Do - mi - ne De - us Sa - ba - oth.
T.
Sanc - - tus Dom - mi - ne De - us Sa - ba - oth.
B.
Sanc - - tus Do - mi - ne De - us Sa - ba - oth.

15
Cherubim
S.
Sanc - tus, Sanc - tus, Sanc - - tus. Do - mi - ne De - us
A.
Sanc - tus, Sanc - tus, Sanc - - tus. Do - mi - ne De - us
T.
Sanc - tus, Sanc - tus, Sanc - - tus. Do - mi - ne De - us
B.
Sanc - tus, Sanc - tus, Sanc - - tus. Do - mi - ne De - us
Seraphim and Powers
S.
Sanc - tus, Sanc - tus, Do - mi - ne
A.
Sanc - tus, Sanc - tus, Do - mi - ne
T.
Sanc - tus, Sanc - tus, Do - mi - ne
B.
Sanc - tus, Sanc - tus, Do - mi - ne
15

60
Cherubim
S.
poco cresc.
Sa - - ba - oth. Ho - san - na__ in__ ex -
A.
poco cresc.
Sa - - ba - oth. Ho - san - na__ in__ ex -
T.
poco cresc.
Sa - - ba - oth. Ho - san - na__ in__ ex -
B.
Sa - - ba - oth.
Seraphim and Powers
S.
De - us Sa - ba - oth. Sanc-tus, Sanc-tus, Sanc-tus.
A.
De - us Sa - ba - oth. Sanc-tus, Sanc-tus, Sanc-tus.
T.
De - us Sa - ba - oth. Sanc-tus, Sanc-tus, Sanc-tus.
B.
De - us Sa - ba - oth. Sanc-tus, Sanc-tus, Sanc-tus.
poco cresc.

63
poco cresc.
f
S.
A.
T.
B.
Cherubim
- cel - sis. Ho - san - na in ex - cel - sis, ho -
Sanc - tus. Ho -
Seraphim and Powers
Sanc-tus, Sanc-tus, Sanc - tus
Sanc - tus, Sanc - tus,

66
Cherubim
S.
A.
T.
B.
san - na. Sanc - tus, Sanc - tus, Sanc - tus Do - mi - ne De - us
Seraphim and Powers
Sanc - - tus, Sanc - tus Do - mi - ne De - us
mf
dim.
mp

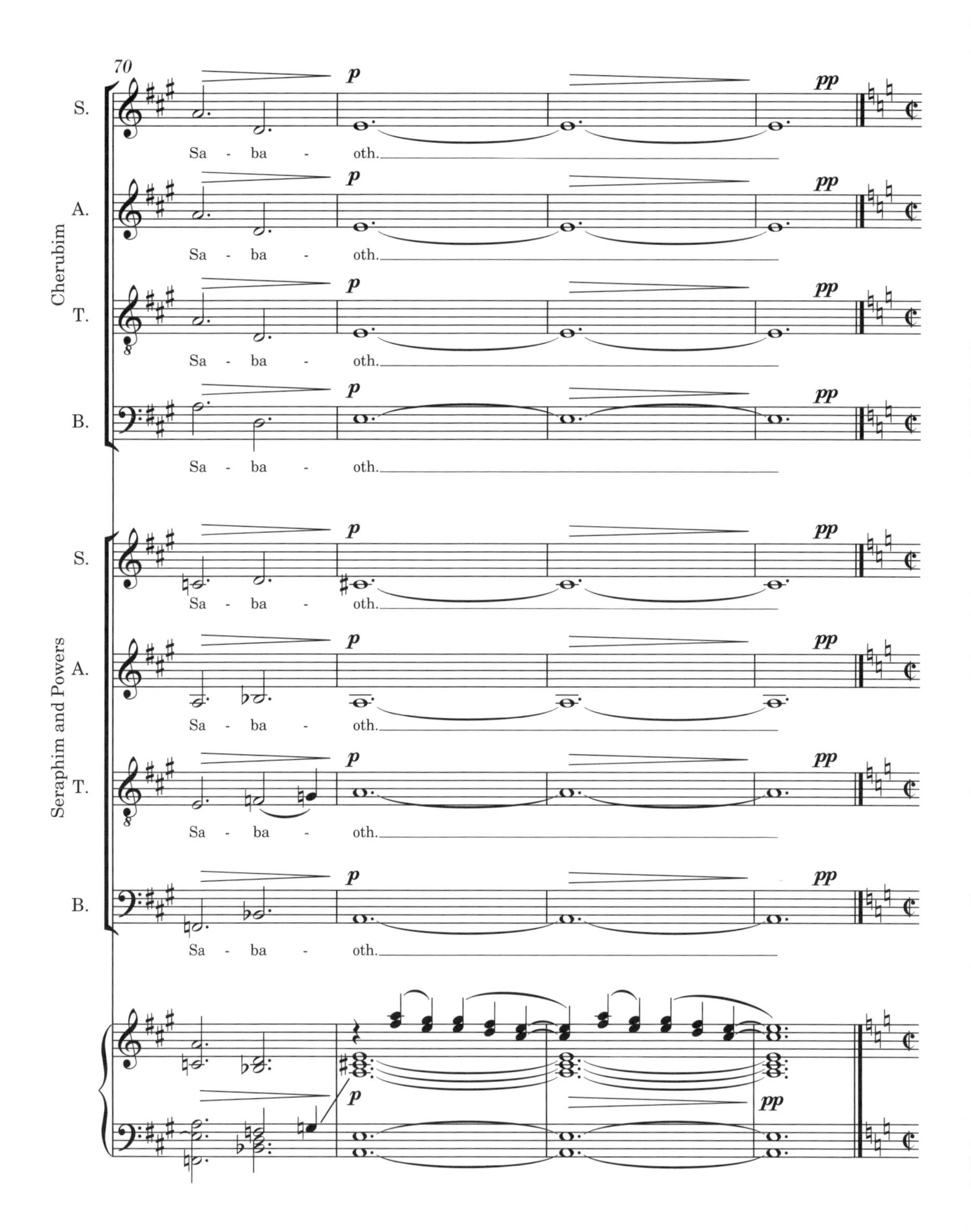
70
Cherubim
S.
Sa - ba - oth.
A.
Sa - ba - oth.
T.
Sa - ba - oth.
B.
Sa - ba - oth.
Seraphim and Powers
S.
Sa - ba - oth.
A.
Sa - ba - oth.
T.
Sa - ba - oth.
B.
Sa - ba - oth.

V. Recessional

* As before; interpolations are to be improvised ad lib. by the chorus.

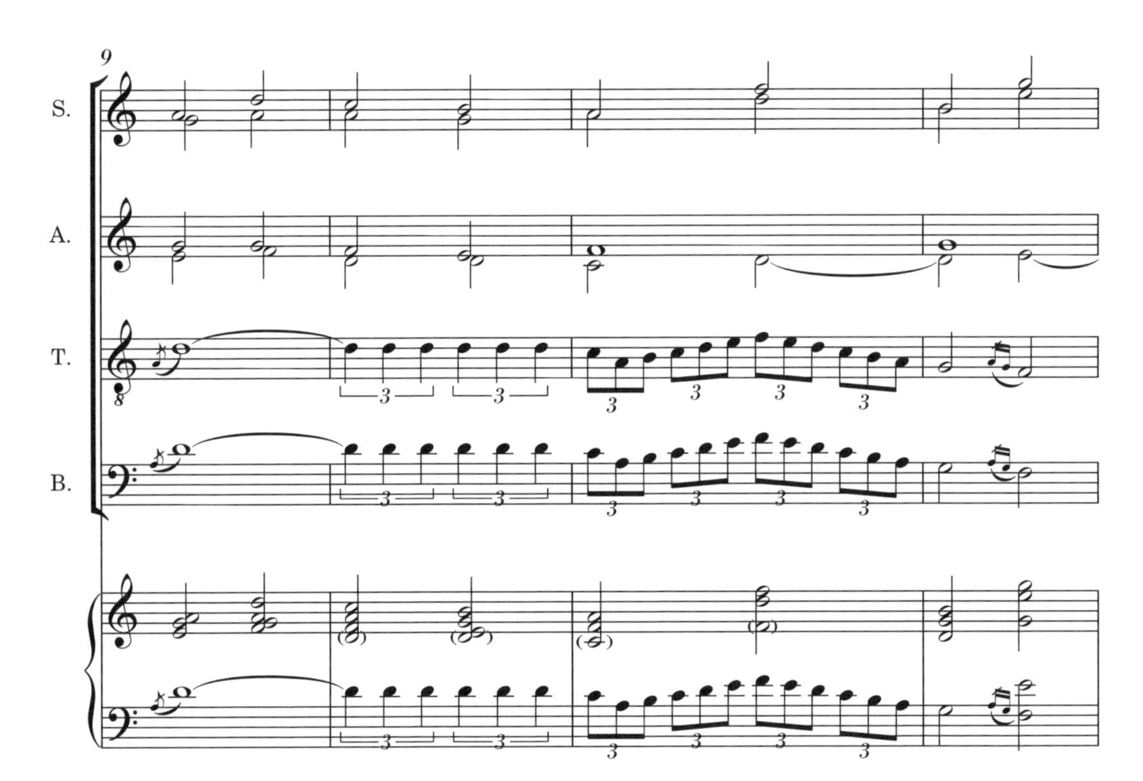
9
S.
A.
T.
B.
3
3
3
3
3
3

13
S.
A.
T.
B.

17
mf
S.
A.
T.
B.
17
mf

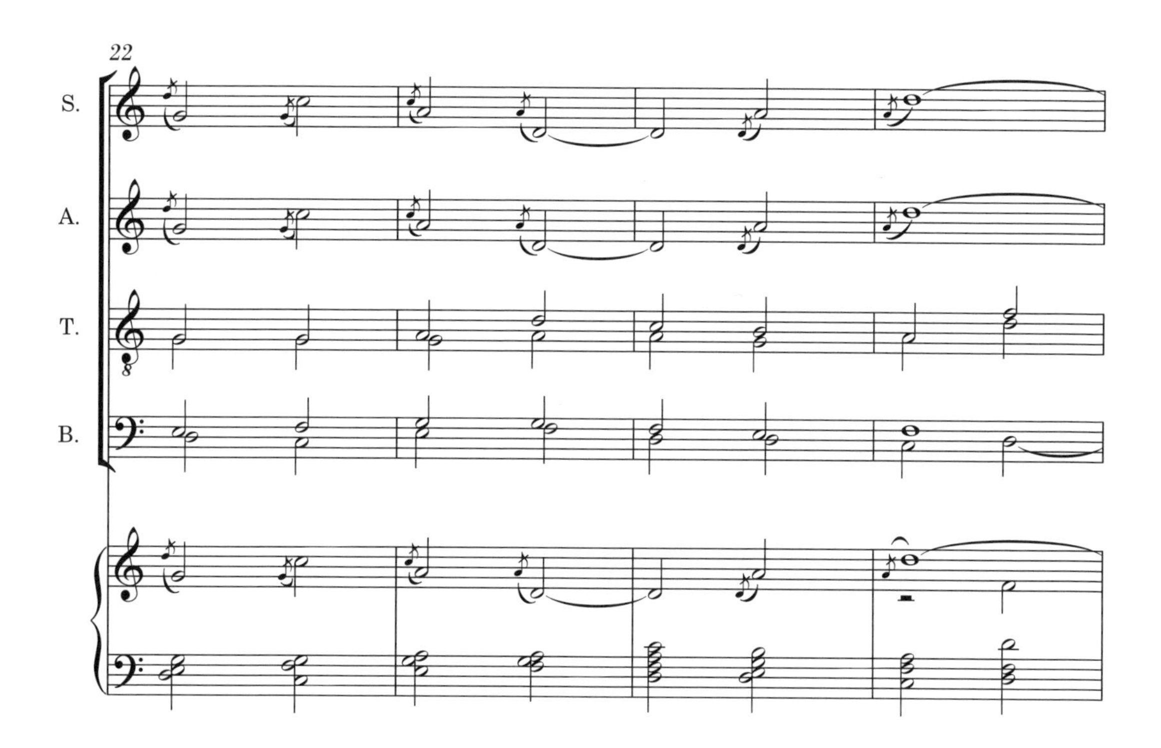
22
S.
A.
T.
B.

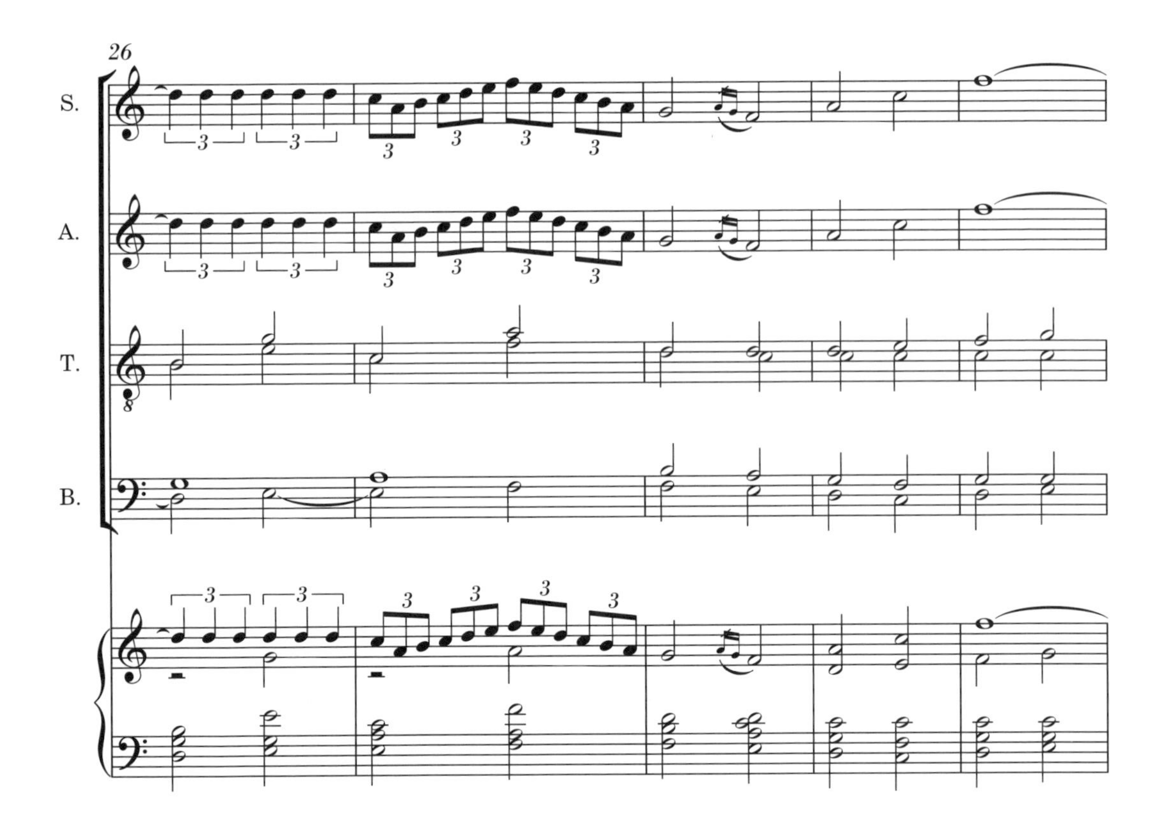
26
S.
A.
T.
B.

31
S.
A.
T.
B.
For rehearsal only

36
S.
A.
T.
B.
dim.
dim.
dim.
dim.
dim.
p
p
p
p
p

41
S.
A.
T.
B.
cresc.
cresc.
cresc.
cresc.
cresc.

47
S.
A.
T.
B.
f
3
cresc.
W.W., Str., Bells
50
ff